LA FRANCE A SES ENFANTS.

LA FRANCE
A SES ENFANTS.

« C'est surtout lorsque les Souverains
» se livrent à des actions grandes, justes,
» magnanimes, qu'on aperçoit en eux les
» traits sacrés de la divinité qu'ils repré-
» sentent sur la terre.

» THÉOPHRASTE. »

BRAVES FRANÇAIS !

BÉNISSEZ le Ciel et rendez grace à ses
bienfaits.

Depuis vingt-trois ans vous gémissez
sous l'affreuse tyrannie des factieux régicides qui successivement se sont emparé
du sceptre de vos Rois.

Par l'emploi profondément médité de
tous les moyens astucieux dont l'impiété,
l'imposture et la perfidie réunis, peuvent

développer les ressorts, ils avoient espéré rendre à jamais durable le joug d'airain qu'ils vous avoient imposé, et qu'ils destinoient de plus, dans leur aveugle fureur, à comprimer toutes les nations.

Mais ces séditieux ont enfin comblé la mesure des crimes dont ils ont effrayé la terre ; la voix du sang innocent qu'ils ont versé, et dont ils se sont constamment abreuvés, est enfin montée jusqu'au trône de l'Éternel ; son bras puissant s'est appesanti sur eux, et par un décret de ses miséricordes sur vous, en éclairant tous les Souverains de l'Europe, et sur les intérêts de leurs peuples, et sur ceux de la société entière ; il les amène, couverts de son égide, pour étouffer à jamais dans son foyer le feu de la sédition, de la révolte, de l'impiété ; et par ce grand exemple, unique dans les annales du monde, apprendre à tous les peuples de la terre, que les trônes sont réciproquement garants de leurs existences, et qu'il ne peut dépendre de quelques factieux de les ébranler impunément.

(3)

Les cent bouches de la Renommée annoncent de toutes parts, que les Souverains de l'Europe, dirigés par l'esprit de justice du Très-Haut qui les conduit, viennent de plus cicatriser les plaies de la France malheureuse, en lui rendant son Souverain légitime, à côté duquel se trouve placée la Fille respectable du malheureux, du bienfaisant, du vertueux Louis XVI (1).

Ah ! quel est le Français digne de ce nom, qui pourra voir sans verser des larmes d'enthousiasme et de bonheur, ce spectacle touchant digne des regards et du Ciel et de la Terre ?

---

(1) Ce n'est pas seulement la France qui est intéressée au retour de son Souverain légitime, c'est la tranquillité de l'Europe entière.

Depuis 1792 la marche de la révolution française a été toujours la même ; le but constant des factieux a été de détruire chez les hommes tous principes de religion, et de dominer sur les ruines de l'organisation sociale.

Bonaparte n'est que l'ouvrage des différentes factions ; et il n'a été placé par elles que parce que son caractère connu leur avoit promis d'arriver plus promptement à leur but, qui est la chute des trônes et l'anarchie générale. Aussi les mêmes factieux ont continué à tout faire, tout diriger ; la marche révolutionaire a été celle du nouveau gouvernement ; les

FRANÇAIS ! pour bien juger de l'étendue du bonheur inespéré que la Providence vous annonce , osez vous reporter un moment en arrière ; osez d'abord vous rappeler cette atroce Convention et tous les monstres qui ont figuré dans cette caverne.

Tous les pas de ces factieux , vous le savez, ont été marqués par le sang , l'injustice et l'impiété.

Ce sont eux qui, le fer et la flamme à la main , ont poursuivi tous les hommes honnêtes dont ils convoitoient les richesses.

Ce sont eux qui ont renversé les temples de votre Dieu , pour s'emparer des trésors dont la piété de vos pères les avoit enrichis.

---

mêmes principes d'athéisme , d'atrocité, d'injustice, de perfidie ont été employés ; et sans l'extravagante précipitation de Bonaparte , il est constant que sous peu d'années *le grand œuvre*, suivant l'expression des séditieux , étoit opéré ; c'es -à-dire, qu'ils auroient régné sur les ruines de l'Europe complétement démoralisée.

Si l'héritier légitime n'est pas replacé, quelques précautions qu'on prenne , le levain de la révolte continuera d'exister ; il fermentera, il achevera de gangrener un peuple nombreux et léger, et si les succès des factieux sont retardés ; ils n'en seront ni moins certains ni moins funestes.

Ce sont eux qui n'ont pas craint de placer sur les autels et de vous faire encenser de viles prostituées qui sortoient de leurs lits.

Ce sont eux qui ont proscrit et forcé à fuir tous ces Prélats énergiques et vertueux, qui, soumis à la voix de Dieu, ont préféré sans hésiter la misère à l'infamie, et qui (s'ils vivent encore) n'ont pu subsister, depuis vingt-quatre ans, que par les soins de cette Providence qui veilloit sur les Apôtres, dont ils ont renouvelé, dans ces temps de persécution, et le dévouement et les vertus.

Ce sont eux qui ont osé former l'effroyable motion d'organiser des compagnies de régicides pour faire tomber tous les Souverains de leurs trônes, et livrer leurs peuples à toutes les horreurs de l'anarchie.

Ce sont eux qui, dans leurs fureurs, ont imaginé les noyades de Nantes et de Bordeaux ; les bâteaux à soupape ; les mariages républicains ; les mitraillades de Lyon.

Ce sont eux qui ont créé ces clubs incendiaires, dont le but étoit de porter la désorganisation et la révolte chez toutes les nations.

Ce sont eux qui ont fabriqué ces assignats mensongers, qui, après avoir ruiné la France et enrichi ses despotes, ont été par eux anéantis *sans un sol d'indemnité.*

Ce sont eux enfin qui, pour disposer à leur gré de la puissance publique, ont prétendu vous rendre complices du plus grand des forfaits, en massacrant *en votre nom*, la plus auguste des victimes, le plus juste, le plus humain, le plus compatissant des Rois, le vertueux Louis XVI.

Tous ces monstres, après avoir cent fois fait jurer, *sous peine de mort*, haine à la Monarchie et à la Royauté ; gorgés enfin de sang et de richesses ; craignant de devenir à leur tour, comme tant d'autres, les victimes de leurs propres divisions ; pour parer à ces dangers, crurent devoir se choisir un chef dont ils partageroient l'autorité, et qui pourroit en même temps conserver dans leurs mains les produits de leurs crimes.

Eh ! quel est celui qui, dans les consiliabules de cette caverne, leur parut digne d'être à leurs têtes, et de s'asseoir sur le trône des Français.

Ce fut un homme dont la physionomie seule inspire toutes les défiances, et promet toutes les atrocités.

Ce fut un homme qui, par sa fureur à répandre le sang, étoit dès long-temps devenu dans les armées l'ennemi des généraux qui méritoient de l'estime (1).

Ce fut un étranger de la famille la plus obscure ; l'habitant d'une isle à peine civilisée, et si méprisable aux yeux des nations, que les Romains refusoient d'y prendre leurs esclaves.

Eh ! comment, braves Français, auriez-vous pu jamais espérer d'un semblable chef le bonheur que ces factieux vous promettoient ?

Hélas ! pour vous convaincre de votre erreur, il ne falloit qu'examiner un mo-

____

(1) La haine de Bonaparte contre les généraux Pichegru et Moreau, date de 1795 et 1796. Elle eut pour cause les reproches sur ses imprudences et son insouciance à verser sans motifs le sang des hommes.

ment ceux auxquels il donnoit sa confiance ; les hommes dont il composoit son entourage ; les individus qu'il plaçoit pour Ministres ; ceux dont il formoit son Conseil d'état, ainsi que ce Sénat, par dérision appelé *Conservateur*, qu'on vous présentoit avec emphase, comme le soutien de vos droits, comme le boulevard de votre liberté, comme le défenseur incorruptible de cette constitution bizarre, quatrième enfant paralytique du prêtre apostat et régicide Syes (1).

Tous ces hommes (a une foible exception près) n'ont été que des régicides et des assassins sortis de la Convention.

Ç'a été la place de tous ceux qui, dans la révolution, avoient fait profession de brigandage et d'athéisme.

Ç'a été la place de ceux qui, en 1793

______

(1) La vicomtesse de Laval, dont le fils (Mathieu de Montmorency) a eu pour instituteur l'abbé Syes, a dit à cent personnes que ce forcené ne rêvoit que révolution ; qu'il ne s'occupoit qu'à des plans de constitution, et qu'il en avoit alors dans son secrétaire plus de vingt projets, qui n'attendoient que des amateurs pour les acheter et les faire valoir.

et 1794, avoient couvert la France de bastilles et les places d'échafauds.

Ç'a été enfin la place de tous ceux qui, dans les exécrables journées des 5 et 6 septembre 1792, ont fait massacrer dans les prisons de Paris toutes les victimes que la fureur, la haine ou l'intérêt y avoient entassées.

Sont-ce là, Français, sont-ce là les classes où un Souverain honnête, vertueux, sensible, va chercher les coopérateurs du bien qu'il veut faire à ses peuples ? . . . .

Mais, jugez cet homme, par les actions qui sortent immédiatement de son ame ; et vous verrez que non-seulement il a justifié le choix des factieux qui l'ont nommé, mais que par les excès de sa dépravation, de ses impiétés, de ses fureurs, il a prouvé de plus à la terre entière, qu'il avoit laissé peut-être encore loin de lui tous ses modèles.

Son premier pas dans la carrière de l'autorité, a été le lâche assassinat d'un Prince, qui, à la fleur de l'âge, par son amabilité, ses connoissances, ses talents, avoit annoncé à l'Europe qu'il augmenteroit le nombre de ces héros qui, dans les siècles précédents, avoient illustré sa maison.

Loin de frémir d'une atrocité que rien ne pouvoit justifier ; il a couvert, pour ne pas dire écrasé de bienfaits, tous ceux qui avoient eu la lâcheté d'y participer.

Tous les militaires qui avoient accepté cette infame mission, ont obtenu dans l'armée tous les grades qu'ils ont désirés ; leurs parents, tous de la dernière classe de la société, et *sans la plus foible ins- truction*, ont, d'un autre côté, obtenu dans le civil toutes les places lucratives et distinguées ; et la source avilissante et impure de toutes ces graces, a donné la preuve sans réplique que l'homme qui les accordoit, étoit incapable d'éprouver ja- mais les douces émotions de la vertu.

Si ces scandales étonnent, la surprise cessera, en sondant le caractère de ce despote ; en portant les yeux sur sa mo- ralité et ses principes ; en examinant sa conduite avant et pendant son élévation ; en considérant surtout la marche de ses relations avec les Puissances étrangères auxquelles, jusqu'à cette époque, l'amitié de la France avoit été respectable et chère.

N'est-ce pas lui qui, au treize brumaire, a défendu l'atroce Convention contre les sections de Paris, et qui a fait massacrer dix-huit mille Français dans les rues de la capitale? (1).

N'est-ce pas lui qui a fait insulter le drapeau tricolor à la porte de l'ambassadeur de France à Genève, pour avoir un prétexte de s'emparer de cette ville industrieuse? . . . .

N'est-ce pas lui qui fit organiser par son frère une insurrection à Rome, pour en

---

(1) Jamais procès plus infame que celui que formoit la Convention.

Jamais cause plus juste que celle que défendoient toutes les sections de Paris.

La Convention vouloit être autorisée à réélire la moitié de ses membres.

Les sections vouloient que tous ses assassins fussent changés; mais le moment n'étoit pas venu, et le droit canon fut pour les assassins qui avoient nommé le général Bonaparte.

C'est là le premier exploit de ce Héros.

Eh bien, ce sont aujourd'hui ces mêmes conventionnels qui veulent le règne de ce despote; mais heureusement le Ciel ne le veut pas.

accuser un Pontife à l'agonie, et faire traîner Pie VI à Valence, où il a terminé sa glorieuse carrière ?....

N'est-ce pas lui qui a fait massacrer tous les Français qui étoient à l'hôpital de Vérone, pour en accuser les Vénitiens et s'emparer de leurs états ?.....

N'est-ce pas lui qui a envoyé cent mille écus à Baras pour faire le dix-huit fructidor, et éloigner du Corps-Législatif tous les députés vertueux qui faisoient alors l'espérance de la France ?.....

N'est-ce pas lui qui, au mépris de la constitution d'alors, fit offrir par son armée au Directoire, de se rendre à Paris, et qui envoya cette adresse séditieuse à l'armée de Sambre-et-Meuse qui, en conséquence, vint seconder Baras dans les opérations de cette désastreuse journée ?.... (1)

N'est-ce pas lui qui, en Egypte, a forcé des officiers à s'embarquer pour jouir pai-

____

(1) Par cette constitution, il étoit défendu aux armées d'approcher de Paris à plus de vingt lieues.

siblement de leurs épouses, qu'il a livrées ensuite à la misère et à l'opprobre ? ... (1)

N'est-ce pas lui qui a fait étrangler dans sa prison le général Pichegru, parce qu'autrefois il lui avoit fait des reproches sur sa passion à répandre le sang ? .... (2)

N'est-ce pas lui qui, n'ayant pu obtenir du tribunal qu'il avoit composé, la mort du général Moreau, dont il jalousoit les talents et l'estime qu'on lui portoit, a poussé l'infamie et la bassesse jusqu'à proscrire les juges honnêtes qui, malgré ses ordres,

____

(1) Une de ces malheureuses, revenue d'Egypte en France, a cru pouvoir réclamer près de lui des secours ; mais il lui a répondu avec son amabilité ordinaire, que s'il entendoit davantage parler d'elle, il la feroit enfermer.

(2) Les deux hommes employés pour cet assassinat furent un guichetier du Temple, qui avoit été, en 1792, du nombre des septembriseurs, et un maréchal-des-logis de la gendarmerie d'élite, qui avoit servi sous Bonaparte, en Egypte.

Lorsque Bonaparte revint d'Egypte en France, il ne passa qu'avec un passeport des Anglais, et que sous la promesse, signée de lui, qu'il feroit tous ses efforts pour remettre les Bourbons sur le trône. Pichegru connoissoit cette convention, et il fut étranglé dans la crainte qu'il n'en parlât dans les débats de son procès ; car alors, suivant la loi, on n'auroit pu lui refuser de l'entendre.

avoient refusé de mentir à leur conscience, et d'assassiner l'innocent?.....

N'est-ce pas lui qui, par l'organe de l'infame Prince de la Paix, qui étoit à sa solde, a fomenté des divisions entre le roi d'Espagne et son fils?....

N'est-ce pas lui qui, sous prétexte de rétablir dans cette auguste maison l'harmonie que seul il avoit troublée, est parvenu, à force de perfidies, à faire prisonniers ces trop confiants Souverains?...

N'est-ce pas lui qui, après avoir fait jouer tous les ressorts de la duplicité, a porté le fer et la flamme chez un peuple allié, qui donnoit avec bonté à la France ses armées, ses flottes, ses trésors?.....

N'est-ce pas lui qui, tout en parlant de son attachement pour une religion qu'il s'efforce cependant de détruire, n'a jamais donné un seul aumônier à ses armées, et qui, en nous arrachant chaque jour nos enfants pour les traîner à la mort, leur a constamment refusé les secours spirituels, si consolants dans nos derniers moments?...

N'est-ce pas lui qui a fait sortir de force

la princesse d'Étrurie d'Italie , pour s'emparer ensuite du grand-duché de Toscane?.....

N'est-ce pas lui qui, sans principe , sans moralité et sans foi , s'est montré athée à Paris, catholique à Rome , musulman en Egypte ; qui a pris successivement tous les masques qui pouvoient favoriser son orgueil effréné , et dont l'ambition est telle , qu'il seroit allé renverser l'Éternel, si nouveau Titan , il avoit pu entasser les montagnes pour s'élever jusqu'à son trône ?...(1)

N'est-ce pas lui qui, dans l'idée de faire trembler l'Angleterre, a dévasté toutes les forêts de la France , pour construire des milliers de bateaux plats, qui n'ont abouti qu'à prouver la platitude de leur auteur ?....

N'est-ce pas lui qui , spéculant sur les jouissances de ses peuples , comme sur les

____

(1) Voyez dans les gazettes du temps les discours de Bonaparte aux Egyptiens ; il y parle comme un envoyé de Mahomet ; mais les athées et les philosophes qu'il avoit traînés avec lui , connoissoient peu la langue du pays , et ces beaux discours qui n'étoient point accompagnés de *conscriptions* , n'ont pu empêcher les Anglais de détruire sa flotte à Albourkir , et le grand Héros d'être obligé de fuir à Saint-Jean-d'Acre.

besoins des hôpitaux et la santé des malades, s'est fait le premier contrebandier
de l'Europe, et depuis huit ans a vendu
six à sept francs aux Français, la livre de
sucre qui lui coûtoit dix sols ? .... (1)

N'est-ce pas lui qui, poussant l'ingrati-
tude jusqu'au dernier degré, tient en prison,
depuis quatre ans, le Souverain Pontife, et
cela, parce que ce vieillard respectable a
refusé de lui obéir plutôt qu'à Dieu ; qu'il
n'a pas voulu lui céder le patrimoine de
St. Pierre, dont il n'est qu'usufruitier ?...

N'est-ce pas lui qui, unissant le vanda-
lisme à l'impiété, a déchiré l'ame de tous
les Français sensibles, en faisant brûler
depuis six ans, pour cent millions de pré-
tendues marchandises anglaises, et cela
tandis que des milliers de Français étoient
dans la misère ; que les hôpitaux et les
malades manquoient de tout; que ses pro-

---

(1) Ne seroit-ce pas le cas de se rappeler un proverbe de
la halle, qui dit que *la caque sent toujours le hareng.*

Il est résulté de plus de cette infamie que les hôpitaux
ont manqué de quina, et d'une foule d'autres drogues qu'on
tire de l'étranger.

pres soldats se trouvoient dans un dénue-
ment affligeant ? . . . . . (1).

N'est-ce pas lui qui, après avoir engagé
le prince de Hesse à licencier ses troupes,
s'est ensuite avec perfidie emparé de ses
états ? . . . .

N'est-ce pas lui qui, depuis douze ans,
solde des plumes avilies pour fatiguer
chaque jour les Français et l'Europe des
impostures les plus dégoûtantes, et flatter
en même temps l'idole par les flagorneries
de la servitude et de la bassesse ? . . (2).

N'est-ce pas lui qui, à Wagram, pour

---

(1) Les trois-quarts de ces marchandises brûlées comme
anglaises, étoient de St.-Gall, de Suisse ou d'Italie ; et la
folie étoit d'autant plus grande, qu'il est constant que le
marchand ne donne jamais sa marchandise sans en être payé
ou avoir sûreté pour le paiement, et que dès-lors peu lui
importe qu'on la brûle ou qu'on la jette à l'eau ; mais il n'y
avoit pas d'observations à faire aux agents de ces folies,
parce qu'à leurs yeux tout étoit anglais pour plaire au despote.

(2) Qu'on ne soit point étonné de l'avilissement des jour-
naux français ; c'est l'infame Barère qui est chargé de les
inspecter. Jacobin et régicide, on le paye comme un digne
conventionnel, à tant la page d'impostures, et il faut convenir qu'il gagne bien son argent.

parer aux justes reproches de son armée, a eu la barbarie de faire jeter dans le fleuve, pendant la nuit, vingt mille blessés qui réclamoient des secours ?....

N'est - ce pas lui dont la physionomie plombée et sinistre n'a jamais donné de marque de joie, qu'en voyant un champ de bataille couvert de soixante à quatre-vingts mille morts ou mourants ?.....

N'est-ce pas lui qui ne négocie que pour tromper, qui ne trompe que pour s'agrandir, qui ne s'agrandit que pour détruire avec plus de sûreté ?.....

N'est-ce pas lui qui, prétendant que la nature donne les mêmes avantages à deux plantes différentes, a forcé les communes à enlever quarante mille arpents à la culture du blé, pour se livrer à l'imbécile projet de faire du sucre de betterave ?....,

N'est-ce pas lui qui seul a pris soin de détromper l'Europe sur ses prétendus talents militaires qu'exaltent sans cesse les gazettes qu'il soudoie, et les imbéciles qui jugent d'après elles ?.....

N'est-ce pas lui qui s'est sauvé d'Egypte

en emportant la caisse de son armée, qui auroit péri de besoin sans les talents et l'intelligence du général Klébert ? . . . .

N'est-ce pas lui qui s'est sauvé d'Espagne en faisant trente lieues dans six heures, et abandonnant ses armées à toutes les vengeances d'un peuple dont ses perfidies avoient excité la fureur ? . . . .

N'est-ce pas lui qui, après avoir traîné en Russie un million d'hommes avec tous les ornements du sacre et tous les trésors de la France, a laissé périr toutes ses armées de besoin, et s'est lâchement sauvé avec l'homme le plus méprisé de l'Europe, *l'infame Colincourt ?* . . . (1)

---

(1) Bonaparte avoit le grand projet de se faire reconnoître *Empereur d'Occident.* Ne doutant point de ce nouveau degré de gloire, il avoit emporté avec lui pour cette auguste cérémonie, la couronne, le manteau et tous les ornements du sacre ; mais la Providence fatiguée l'attendoit là, pour l'humilier et lui faire connoître le néant des grandeurs. Toutes ces richesses sont devenues la proie des peuples qu'il vouloit envahir, et en arrivant à Varsovie, il fut obligé pour continuer sa route d'emprunter mille écus.

C'est ce Colincourt qui, contre le droit des gens et en violant le territoire étranger, est allé enlever le duc d'Enghien à Ethenem, où il vivoit en particulier, sans se mêler

N'est-ce pas lui qui , après avoir été battu à Leipsik , a eu l'infamie ; pour protéger sa fuite , de faire rompre un pont , et de sacrifier pour sa propre sûreté cent cinquante mille hommes qui ont été ou noyés, ou égorgés , ou faits prisonniers?....

N'est-ce pas lui qui , n'ayant pu obtenir de l'espèce de Concile qu'il avoit assemblé, les droits qui ne peuvent appartenir qu'au Souverain Pontife, s'est bassement livré aux excès de l'abus du pouvoir , en faisant arrêter et enfermer les Évêques et les Cardinaux qui ont eu l'énergie de se prononcer hautement en faveur des principes, en se dévouant par-là à toutes les vengeances de l'amour-propre humilié ?....(1).

---

d'aucune affaire politique. Il est vrai que cette infamie a vallu à Colincourt des honneurs, de l'argent et la confiance du despote qui vient de le faire ministre. Mais tous ces avantages, qui touchent à leur fin, n'effaceront jamais le sentiment d'horreur qu'inspire un assassin , et le mépris général qui suivra son nom jusque dans la postérité la plus reculée.

(1) C'est en vain que cet impie s'efforce d'attaquer la religion et de détruire l'église de Jésus-Christ : tous ses efforts n'ont abouti qu'à rendre plus éclatante la prophétie : *Et portæ inferi non prevalebunt adversus eam.*

N'est-ce pas lui qui, renchérissant encore sur les pillages de la Convention, sa digne mère, n'a pas craint de mettre en vente, à son profit, tous les biens des communes, qui, dans tous les siècles, ont paru aux yeux de la loi, aussi sacrés que ceux des pupilles et des mineurs ? . . . .

N'est-ce pas lui enfin qui, depuis douze ans, pour s'abreuver de sang, et satisfaire une ambition effrénée, n'a pas craint de dévaster la France en attaquant successivement et sans motif tous les peuples de l'Europe, et forçant, par cette fureur, tous les Souverains à venir renverser un gouvernement également perfide, immoral et féroce, avec lequel il est impossible d'espérer jamais, ni paix, ni sûreté, ni repos ? . . . . (1)

Une chose frappante, qui prouve que tout est moyen dans la main de Dieu, c'est que le cardinal Fesch, oncle de Bonaparte, qui présidoit ce concile, a été lui-même un défenseur zélé des droits qui appartiennent au successeur de St. Pierre, et il n'a pas craint d'encourir, par cette fermeté, l'animadversion de son neveu, qui l'a exilé à Lyon.

(1) Tout ce qui est immoral et injuste renferme en soi des germes de destruction ; et l'on doit être seulement surpris qu'un gouvernement de ce genre ait pu durer si long-temps.

Quelles ont été pour vous, Français malheureux, les suites désastrueuses de l'impiété et de la fureur de cet ambitieux? Osez considérer votre position et frémissez.

1.º Tous les anciens impôts ont été triplés, et une foule d'autres qui étoient inconnus sont venus peser sur vous pour satisfaire les passions de ce despote, ensorte que votre misère a constamment augmenté en proportion de votre travail. (1).

D'un million d'hommes partis pour la Russie, il n'en est pas revenu cent mille. Bonaparte y a laissé, comme on l'a dit, tous les ornements du sacre, tous les diamants de la couronne. Il y a perdu plus de douze cents canons, tous les caissons, toutes les voitures, tous les chevaux, tout le matériel de l'armée; plus de quarante millions en numéraire, et plusieurs caisses remplies de croix d'honneur que les Cosaques attachoient par dérision à la queue de leurs chevaux.

Bonaparte rentra de nuit dans Paris, ne sachant quelle réception il devoit espérer; mais ses esclaves ne se démentirent point, et le Sénat en particulier se battit les flancs pour lui témoigner toute l'allégresse des Français, en voyant leur Souverain avoir pu échapper seul aux désastres qui couvroient la France de deuil.

Cynéas, dans le Sénat romain, dit qu'il avoit vu un peuple de rois. S'il eût vu et surtout entendu dans cette occasion le Sénat français, il seroit curieux de savoir ce qu'il eût dit et pensé.

(1) Avant la révolution, il est connu que la totalité des impôts alloit au plus à six cents millions; aujourd'hui ils

2.º Non content de vous enlever toutes vos ressources, ce forcené s'est plu à sapper la France dans ses fondements. Dix millions de vos enfants, destinés à vous reproduire, ont péri aux armées, et, pour se servir de la métaphore de Périclès aux Athéniens, c'est comme si depuis le commencement de ce siècle ce

---

excèdent *quatorze cents millions*. On ne conçoit pas ce que coûtent et les grands dignitaires et les chefs des armées. Ce qu'il y a de certain, c'est qu'il est impossible que la France puisse fournir à des déprédations de cette force. On sent, à la vérité, que le despote est forcé d'étourdir par l'appas du gain, des chefs qui, par la folie de celui qui les conduit, doivent nécessairement être tués aujourd'hui ou demain.

On ne parle pas des soldats, car plus le despote en fait tuer et plus il gagne. Voici comment.

Depuis douze ans il fait la guerre à toute l'Europe, en dévastant et les amis et les ennemis pour faire vivre ses troupes. On ne leur donne point de solde en pays étranger, en leur disant qu'il est d'une saine politique de ne pas faire sortir le numéraire, et qu'ils seront payés de tout l'arriéré lorsqu'ils rentreront en France.

De dix millions d'hommes qui en sont sortis, il n'en est pas rentré trois cents mille, tout le surplus a été tué ou fait prisonnier, et le gouvernement en a hérité ; car on met au défit de citer une seule famille qui ait reçu l'arriéré dû à ses enfants qu'on lui a arrachés pour les faire égorger.

despote *avoit dépouillé chaque année de son printemps.* (1)

3.° Toutes vos isles , sans exception , ont été envahies , et ce n'est plus qu'en sortant votre argent de la France , que vous pouvez obtenir les productions du Nouveau-Monde , indispensables pour le roulement de vos manufactures.

4.° La marine est absolument détruite , et tous les ports ne représentent plus que le spectacle déchirant de l'inaction , de la misère et du malheur.

5.° Le commerce continental est également anéanti ; le numéraire , qui seul le vivifie, a complétement disparu, et la confiance qui est l'ame des relations ne peut renaître avec un gouvernement despotique et barbare qui , n'ayant de principes que ceux des Vandales , ne respecte comme eux , ni les personnes , ni les propriétés.

6.° Comme le Souverain donne l'impul-sion à toute la machine politique, que son

______

(1) Les campagnes aujourd'hui n'offrent plus que des femmes ou des vieillards , et les terres les plus fertiles sont au moment de rester incultes.

exemple est toujours suivi ; il en est résulté que son irréligion, son immoralité, son esprit d'injustice, ont infecté toutes les classes de la société, et qu'il n'y a qu'un nouvel ordre de choses et un changement de gouvernement, qui peuvent nous rendrent le bonheur dont nos pères ont joui (1).

Au milieu de ces désastres mille fois trop réels, il est encore cependant, oui, la vérité force à en convenir, il est encore aujourd'hui des hommes qui ont la lâcheté d'élever la voix en faveur d'un gouvernement que proscrit également le Ciel et la Terre.

Mais voyez quels sont ces hommes ?

---

(1) Etres privilégiés qui vous trouvez placés à la tête des nations, c'est vous seuls qui leur inspirez des vertus, ou qui leur communiquez vos vices ; vous seuls êtes les causes et les garants de leurs excès. Tremblez d'abuser de votre puissance ; car la postérité vous attend. Lorsque le limon dont vous êtes formé se sera réuni à la masse de boue, mère commune de tous les êtres, c'est alors qu'abandonnés de vos satellites et de vos flatteurs, elle tracera en caractères ineffaçables les actions de votre vie, et qu'elle vous proclamera à la face des nations, ou le fléau ou le bienfaiteur des hommes.

Ce sont tous les soutiens ou les complices des désordres qui forment la nature de ce gouvernement, et qui en commandent le renversement.

Ce sont les régicides et les assassins de la Convention.

Ce sont les brigands qui ont renversé et dépouillés les autels.

Ce sont les scélérats qui ont volé les fortunes de toutes les victimes qu'on a poursuivies ou immolées.

Ce sont tous ces monstres qui, députés par les clubs, ont été dans toute la France les exécuteurs des crimes qui leur étoient commandés.

Ce sont ces lâches Sénateurs qui paroissent uniquement chargés de flagorner le tyran, et dont les appointements, proportionnés à la bassesse, sont une des causes de la ruine de l'état (1).

____

(1) Si la grandeur de Rome vertueuse avoit résidé dans le Sénat ; l'avilissement de ce corps entraîna aussi l'empire sous ses ruines.

En appréciant depuis douze ans le langage du Sénat français, on pouvoit aisément juger de la chute prochaine d'un pareil gouvernement.

Ce sont ces prétendus Législateurs auxquels il est défendu de rien discuter, et qui paroissent n'avoir d'autres emplois que celui d'applaudir en esclaves aux volontés que dicte le despote (1).

Ce sont ces proconsuls, connus sous le nom de Préfets, vils instruments de la tyrannie, qui, non contents d'accumuler des trésors par toutes les vexations qui résultent de l'abus de l'autorité, poussent l'impudence jusqu'à forcer les Maires de leur département à signer des adresses, où ils offrent au despote *les biens et les personnes de leurs administrés*, qui tous

La vérité commande de dire que dans le Sénat il y a des hommes zélés et purs qui, pénétrés des devoirs de leur état et de l'importance de leurs fonctions, ont fait leurs efforts pour détourner les orages qu'ils voyoient se former sur la France ; aussi leurs noms ne seront point confondus avec ceux de ces êtres avilis nommés d'autorité par le despote, pour seconder ses projets destructeurs, et qui récemment ont été envoyés dans les départements pour consommer leur ruine, ce qu'ils ont impitoyablement exécuté.

(1) Le Corps-Législatif vient de s'acquérir de justes droits à la reconnoissance publique, en ordonnant l'impression de l'éloquent rapport de leur respectable collègue, M. Laînez, de Bordeaux.

désavouent hautement ces jongleries , et élèvent leurs mains vers le Ciel pour le supplier d'apporter enfin un terme à cet odieux brigandage.

Ce sont enfin ces bandes impures d'employés , de gardes , qui , pour l'appas des gages qu'on leur donne , et l'espérance de ceux qu'on leur promet , remplissent l'infame métier de consommer la ruine du peuple par une foule de vexations qui

---

Votre nom , illustre orateur, passera à la posterité, qui appréciera votre zèle , votre dévouement , votre énergie. Depuis douze ans que la France est écrasée par un tyran farouche, vous êtes le premier qui , pénétré de l'importance de vos devoirs , avez osé sans craindre ni les fers , ni l'échafaud, lui faire la peinture trop vraie des calamités publiques, et lui dire la vérité toute entière. Vous avez rappelé ce beau trait de Thémistocle, lorsqu'il dit : *frappe , mais écoute*. (Ah ! pourquoi le Sénat n'a-t-il pas été composé de Lainez !)

Sans doute la fonction la plus importante du Corps-Législatif, est de statuer sur l'impôt; mais on a vu que Bonaparte , loin de s'embarrasser de cette loi, a décrété l'impôt de son autorité. Tous les Préfets , à son exemple , ont, chacun dans leur département, pris *suivant leurs bons plaisirs*, dans la poche de leurs administrés, les sommes dont, *dans leur sagesse*, ils ont prétendu avoir besoin !

Bon dieu , que diroit-on en Turquie , si on y agissoit de la sorte ! ! ! !

font également frémir l'humanité et la justice (1).

Oui, ce sont là les hommes qui, repoussant le cri de leur conscience, craignent seuls de voir tomber un gouvernement méprisé qui fait rougir la France, comme il indigne l'Europe ; et sans crainte de se tromper, on peut dire au premier qui élève la voix en sa faveur, *et vous aussi, Monsieur Josse, vous êtes orfèvre* (2).

Augustes Représentants du Très-Haut, que ses miséricordes ont réunis pour faire triom-

---

(1) Il est aisé d'apercevoir qu'on entend parler de **tous** ces voleurs qu'on appelle employés des droits réunis, et qui ont pour protecteur et soutien un ministre digne d'eux, *François de Nantes*, un des plus féroces jacobins de la révolution.

(2) Malgré les moyens de douceur et de justice employés par les Puissances alliées, il est bien constant que dès armées nombreuses qui occupent une grande partie de la France, occasionnent au peuple de grands froissements : mais ces malheurs, suites inévitables des circonstances, ne seront que momentanés, et doivent être regardés comme une juste punition du Ciel, soit pour avoir laissé massacrer un bon roi ; soit pour avoir souffert la multitude des crimes dont on a souillé les temples du Dieu de vos pères ; soit enfin pour avoir pendant vingt ans applaudi en esclaves à toutes les fureurs d'une horde de factieux.

pher la plus intéressante, la plus juste, la plus sainte des causes, achevez un ouvrage digne de votre puissance et du Ciel qui vous envoie.

Apportez un terme aux excès et aux fureurs, dont une horde de factieux accable depuis plus de vingt ans un peuple bon, sensible, généreux.

Relevez dans cet empire le trône des Lys, que des séditieux ont renversé.

Organes de la Majesté suprême, exaucez les vœux de tous les Français, et faites cesser leurs malheurs, en leur rendant le Souverain que le Ciel leur désigne, et que la loi leur donne.

Que le descendant légitime de soixante-six Rois vienne purifier un trône que des séditieux ont souillé d'un million de crimes.

A peine ce vœu sera-t-il acceuilli, que tous les Français dignes de ce nom, se porteront au - devant de leur Souverain légitime pour seconder vos efforts et les siens.

Toutes les ressources des séditieux s'é-vanouiront alors, comme les ombres à l'approche du jour.

L'encens fumera sur tous les autels ; des chants de joie et de bénédictions, retentiront dans tous les temples , et vous verrez couler de tous les yeux les larmes de l'enthousiasme , de la sensibilité et de la reconnoissance.

Vos noms à jamais célèbres dans les fastes du monde, seront aussi les premiers que prononceront nos enfants ; nous les instruirons de vos bienfaits, de vos vertus; et leurs mains innocentes s'élevant vers le Ciel , le supplieront de vous combler de ses graces pour avoir sorti la France du précipice de l'immoralité et de l'athéisme , et l'avoir rendu à son existence sociale.

En raffermissant ainsi les principes qui servent de bases à tous les trônes , vous jouirez de la récompense la plus douce, la plus flatteuse, la plus digne de vous, celle d'avoir rendu le bonheur à un grand peuple; d'avoir anéanti pour jamais tous les projets des factieux , et d'avoir conso-lidé pour plus d'un siècle la paix dans l'Europe.

Vous éprouverez de plus enfin ce sentiment de volupté, de satisfaction, de bonheur, que doit produire dans des ames sensibles et justes, l'action la plus grande, la plus généreuse, la plus digne de l'Éternel que vous représentez.

Braves Français de tous les grades, qui, depuis plus de vingt ans avez donné dans des guerres injustes et barbares, tant de preuves de dévouement, d'énergie et de courage ; qui avez mille fois gémi en voyant périr sans motifs les dix-neuf vingtièmes de vos Concitoyens ; qui cent fois avez prodigué à l'ordre de tous ces factieux, et votre vie et celle de vos enfants ; revenez enfin aux principes de moralité, de loyauté, de vertus dont vos ancêtres vous ont donné tant d'exemples.

Écoutez du sein de leurs tombeaux leur voix qui vous crie, *qu'il n'y a de grand, qu'il n'y a d'honorable que ce qui est moral, que ce qui est juste.*

Abondonnez aux éclats de la foudre l'impie que poursuit la colère céleste ; rendez à votre État tout son lustre, en protégeant de tout votre pouvoir le nouveau

Titus que le Ciel, dans sa clémence, daigne enfin vous rendre.

Que vos mains triomphantes de l'impiété, de l'injustice, de la barbarie, concourent enfin à rendre à l'Europe le repos, et à la France sa tranquillité.

C'est alors que la patrie s'empressera de couronner vos fronts d'un laurier commandé par la vertu, par la véritable gloire, et qui dès-lors sera pur et sans tache, comme tous ceux qu'ont cueillis vos ancêtres.

Et vous Citoyens de tous les âges, de tous les rangs, dont les horreurs, les vexations, les tyrannies de tous les genres ont sans doute aigri les esprits, oubliez, la patrie vous en conjure, oubliez tous les maux que vous avez soufferts, en voyant reparoître le gage de la félicité publique, le descendant de cette illustre maison qui a fait le bonheur de vos pères, et élevé la France au plus haut degré de prospérité et de gloire.

Ah ! gardez - vous dans ces jours d'enthousiasme, de venir mêler le deuil à l'allégresse publique, et former des projets de vengeance, quand la clémence et la vertu vont reprendre le sceptre qui leur appartient.

Ah ! qu'un si beau jour éteigne toutes les haines, étouffe toutes les divisions, fasse cesser tous les reproches ; et si malgré vos efforts, quelques souvenirs douloureux venoient encore vous affecter, qu'ils s'évanouissent sans retour en vous rappelant ces mots sublimes du Souverain qui vous tend les bras :

Qui oseroit se venger, lorsque le Roi pardonne.